Impressum
Verlag: BABADADA GmbH, Nedderfeld 112 , 22529 Hamburg
Geschäftsführer / Verlagsleitung: Harald Hof
Druck: Books on Demand GmbH, In de Tarpen 42, 22848 Norderstedt

Imprint
Publisher: BABADADA GmbH, Nedderfeld 112 , 22529 Hamburg, Germany
Managing Director / Publishing direction: Harald Hof
Print: Books on Demand GmbH, In de Tarpen 42, 22848 Norderstedt

el colegio

школа

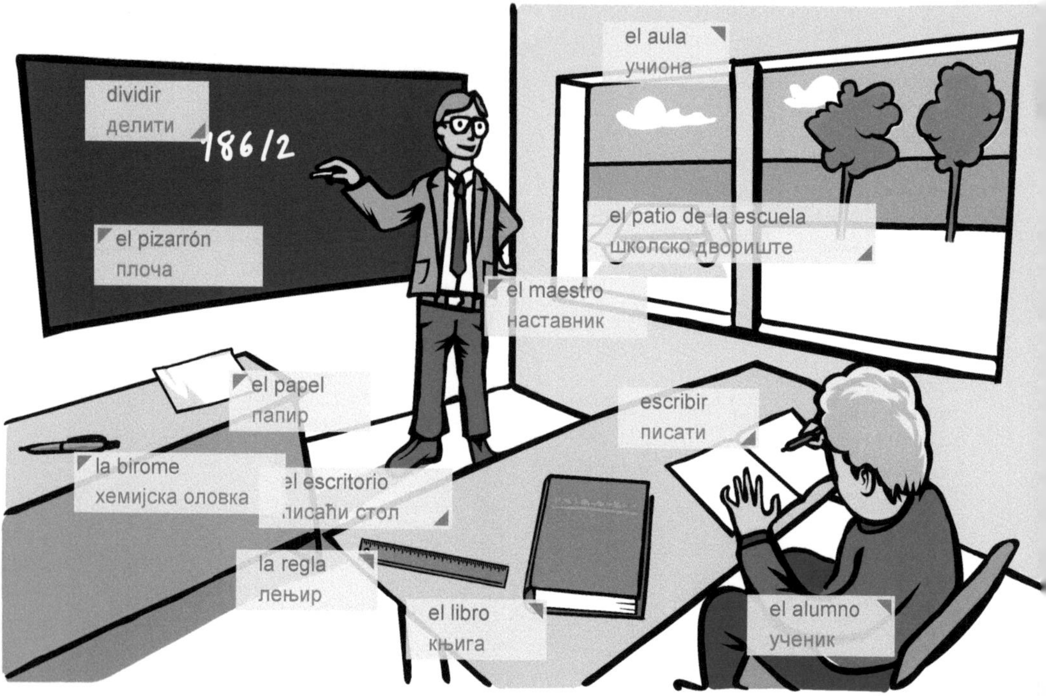
el aula
учиона
dividir
делити
186/2
el pizarrón
плоча
el patio de la escuela
школско двориште
el maestro
наставник
el papel
папир
escribir
писати
la birome
хемијска оловка
l escritorio
исаћи стол
la regla
лењир
el libro
књига
el alumno
ученик

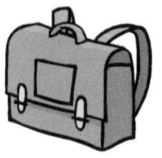

la mochila
....
торба

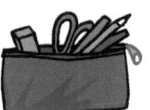

la caja de lápices
....
перница

el lápiz
....
графитна оловка

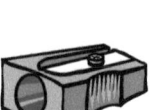

el sacapuntas
....
шиљило за оловке

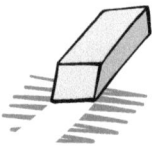

la goma (de borrar)
....
гумица за брисање

el bloc de dibujo
....
блок за цртање

el dibujo

цртеж

el pincel

кист

la caja de pinturas

кутија са бојама

la tijera

маказе

el pegamento

лепило

el cuaderno de ejercicios

бележница

la tarea

домаћи задатак

el número

број

sumar

сабирати

restar

одузимати

multiplicar

множити

calcular

рачунати

la letra

слово

el abecedario

абецеда

hello

la palabra

реч

el texto
текст

leer
читати

la tiza
креда

la lección
час

el cuaderno de clase
дневник

el examen
испит

el certificado
сведочанство

el uniforme escolar
школска униформа

la educación
образовање

la enciclopedia
лексикон

la universidad
универзитет

el microscopio
микроскоп

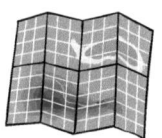

el mapa
карта

el tacho (de basura)
кошара за папир

el viaje

путовање

el hotel
хотел
Grand
el hostel
преноћиште
ROOMS
la casa de cambio
мењачница
la valija
кофер
el auto
ауто

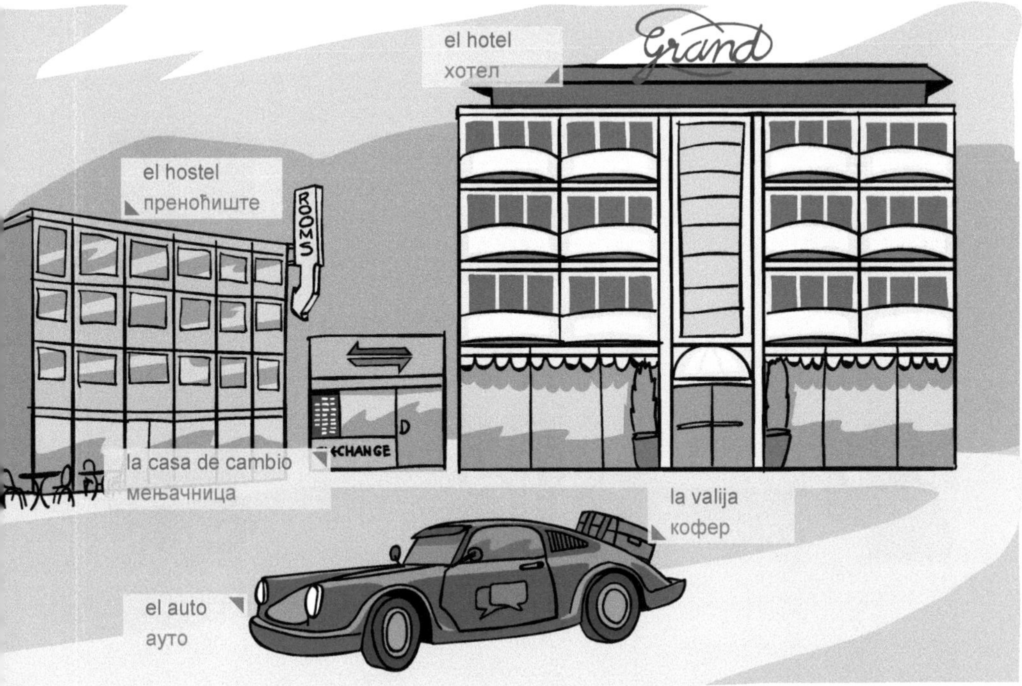

el idioma

језик

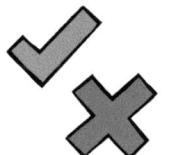

sí / no

да / не

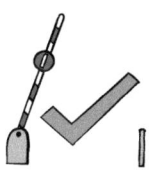

Está bien

океј

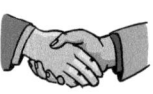

hola

здраво

el traductor

преводилац

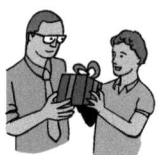

Gracias

хвала

¿cuánto cuesta…?

Колико кошта…?

No entiendo

не разумем

el problema

проблем

¡Buenas tardes!

добро вече!

¡Buenos días!

Добро јутро!

¡Buenas noches!

Лаку ноћ!

el adiós

довиђења

la dirección

смер

el equipaje

пртљага

el bolso

торба

la mochila

руксак

el invitado

гост

la habitación

соба

la bolsa de dormir

вреħа за спавање

la carpa

шатор

la información turística

туристичке информације

la playa

плажа

la tarjeta de crédito

кредитна картица

el desayuno

доручак

el almuerzo

ручак

la cena

вечера

el pasaje

карта за вожњу

el ascensor

лифт

el sello

поштанска маркица

la frontera

граница

la aduana

царина

la embajada

амбасада

la visa

виза

el pasaporte

пасош

el transporte
транспорт

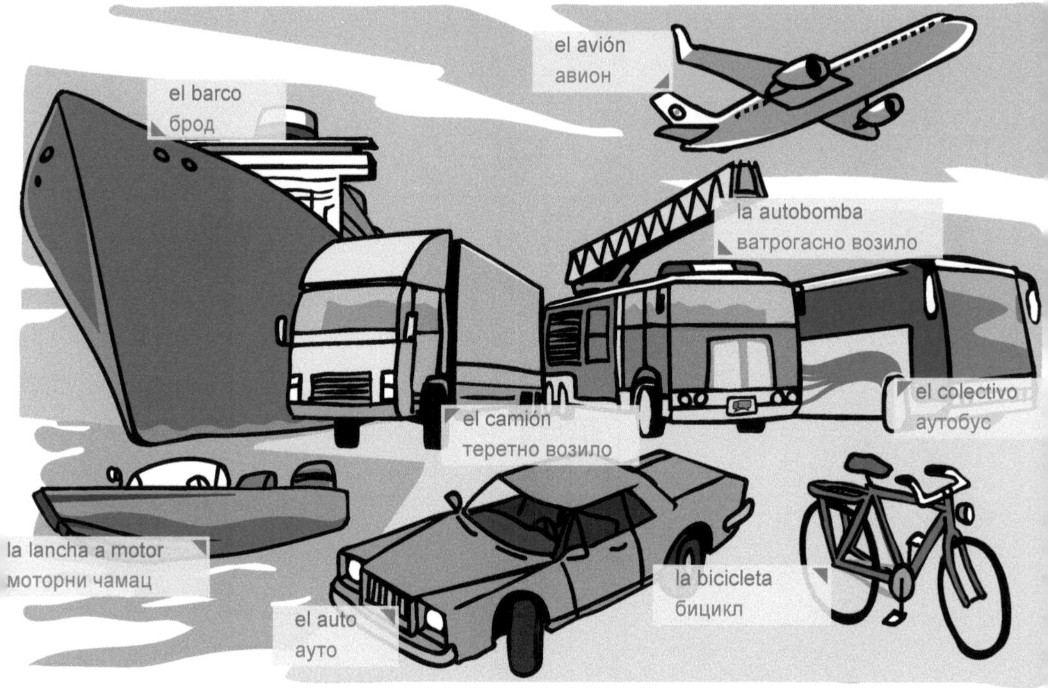

el avión
авион

el barco
брод

la autobomba
ватрогасно возило

el colectivo
аутобус

el camión
теретно возило

la lancha a motor
моторни чамац

la bicicleta
бицикл

el auto
ауто

el ferry

трајект

el bote

чамац

la moto

мотоцикл

el patrullero

полицијски ауто

el auto de carreras

тркаћи ауто

el auto de alquiler

изнајмљено ауто

el alquiler de autos

дељење аутомобила

la grúa

вучно возило

el camión de la basura

возило за одвоз смећа

el motor

мотор

la nafta

бензин

la estación de servicio

бензинска станица

la señal de tránsito

саобраћајни знак

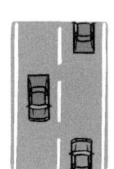

el tránsito

саобраћај

el embotellamiento

застој

el estacionamiento

паркиралиште

la estación de tren

железничка станица

las vías

шине

el tren

воз

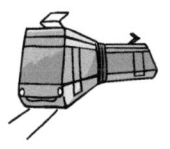

el tranvía

трамвај

el vagón

вагон

el helicóptero

хеликоптер

el aeropuerto

аеродром

la torre

кула

el pasajero

путник

el contenedor

контејнер

la caja de cartón

картон

la carretilla

колица

la canasta

корпа

despegar / aterrizar

узлетети / слетети

la ciudad

град

el pueblo

село

el centro de la ciudad

центар града

la casa

кућа

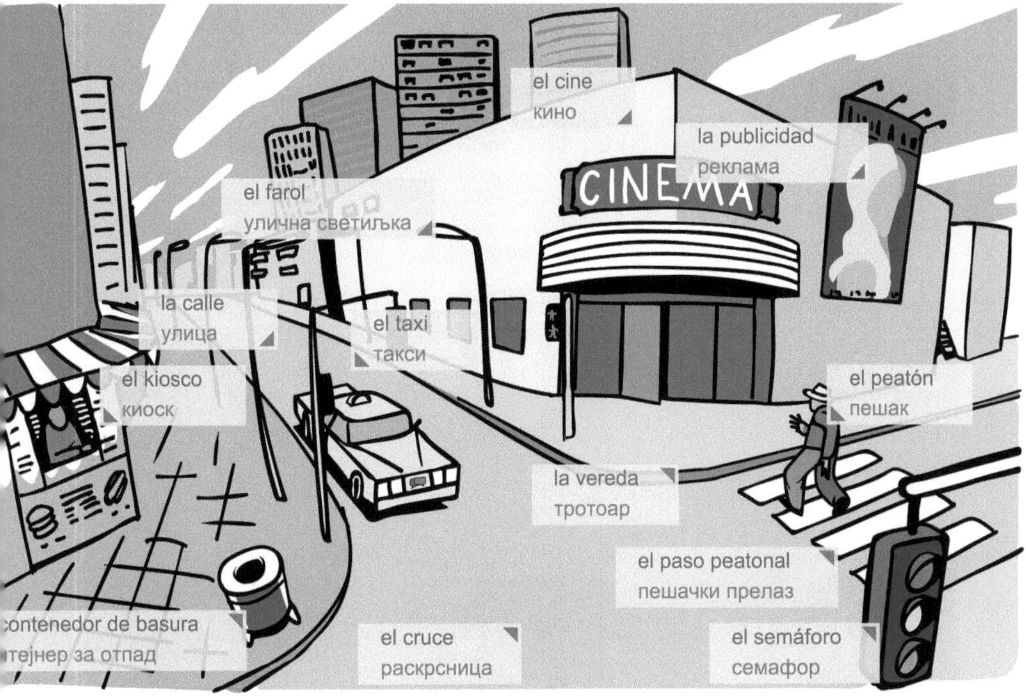

el cine
кино

la publicidad
реклама

el farol
улична светиљка

CINEMA

la calle
улица

el taxi
такси

el kiosco
киоск

el peatón
пешак

la vereda
тротоар

el paso peatonal
пешачки прелаз

contenedor de basura
тејнер за отпад

el cruce
раскрсница

el semáforo
семафор

la cabaña
колиба

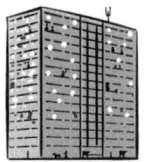

el departamento
стан

la estación de tren
железничка станица

la municipalidad
већница

el museo
музеј

el colegio
школа

la universidad

универзитет

el banco

банка

el hospital

болница

el hotel

хотел

la farmacia

апотека

la oficina

канцеларија

la librería

књижара

el negocio

продавница

la florería

цвећара

el supermercado

супермаркет

el mercado

трг

las grandes tiendas

робна кућа

la pescadería

рибарница

el centro comercial

трговачки центар

el puerto

лука

el parque

парк

el banco

клупа

el puente

мост

las escaleras

степенице

el subte

подземна железница

el túnel

тунел

la parada del colectivo

аутобуска станица

el bar

бар

el restaurante

ресторан

el buzón

поштанско сандуче

el letrero

улични знак

el parquímetro

паркирни аутомат

el zoológico

зоолошки врт

la pileta

базен

la mezquita

џамија

la granja

сеоско газдинство

la contaminación

загађење околине

el cementerio

гробље

la iglesia

црква

los juegos infantiles

игралиште

el templo

храм

el paisaje

пејсаж

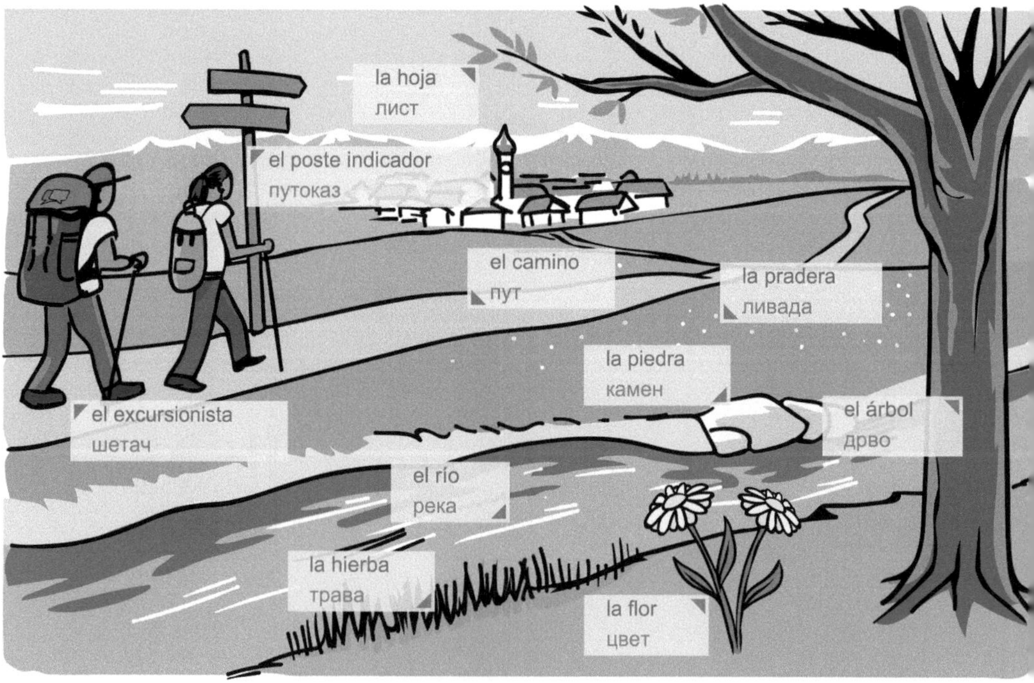

la hoja
лист

el poste indicador
путоказ

el camino
пут

la pradera
ливада

la piedra
камен

el árbol
дрво

el excursionista
шетач

el río
река

la hierba
трава

la flor
цвет

el valle

долина

la montaña

планина

el lago

језеро

el bosque

шума

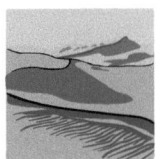

el desierto

пустиња

el volcán

вулкан

el castillo

дворац

el arco iris

дуга

el champiñón

гљива

la palmera

палма

el mosquito

москито

la mosca

мува

la hormiga

мрав

la abeja

пчела

la araña

паук

el escarabajo

буба

la rana

жаба

la ardilla

веверица

el erizo

јеж

la liebre

зец

la lechuza

сова

el pájaro

птица

el cisne

лабуд

el jabalí

дивља свиња

el ciervo

јелен

el alce

лос

la presa

насип

el aerogenerador

ветрењача

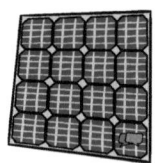

el panel solar

соларна плоча

el clima

клима

el restaurante
ресторан

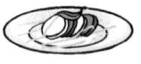

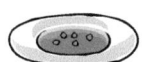

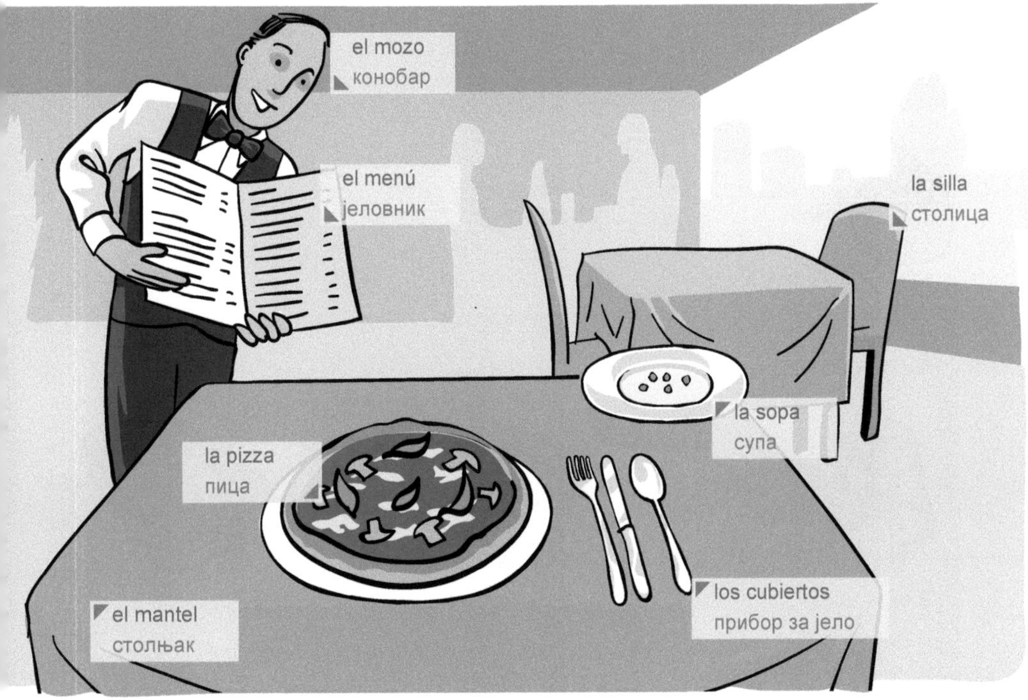

el mozo
конобар
el menú
јеловник
la silla
столица
la sopa
супа
la pizza
пица
los cubiertos
прибор за јело
el mantel
столњак

la entrada
предјело

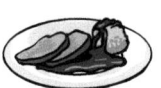

el plato principal
главно јело

el postre
десерт

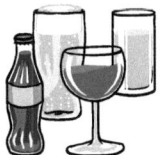

las bebidas
напитци

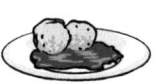

la comida
јело

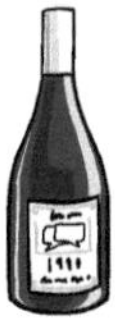

la botella
флаша

la comida rápida

брза храна

la comida callejera

имбис храна

la tetera

чајник

la azucarera

доза за шећер

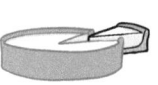

la porción

порција

la cafetera expreso

апарат за еспресо

la sillita alta

висока столица

la cuenta

рачун

la bandeja

послужавник

el cuchillo

нож

el tenedor

виљушка

la cuchara

кашика

la cucharita

чајна кашика

la servilleta

салвета

el vaso

чаша

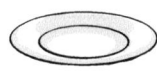

el plato

тањир

el plato hondo

тањир за супу

el plato

тањирић

la salsa

сос

el salero

сољенка

el molinillo de pimienta

млин за бибер

el vinagre

сирће

el aceite

уље

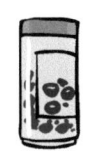

las especias

зачини

el kétchup

кечап

la mostaza

сенф

la mayonesa

мајонеза

el supermercado
супермаркет

la oferta especial
понуда
FOR
el cliente
купац
los lácteos
млечни производи
la fruta
воће
el changuito
колица за куповину

BUTCHERS

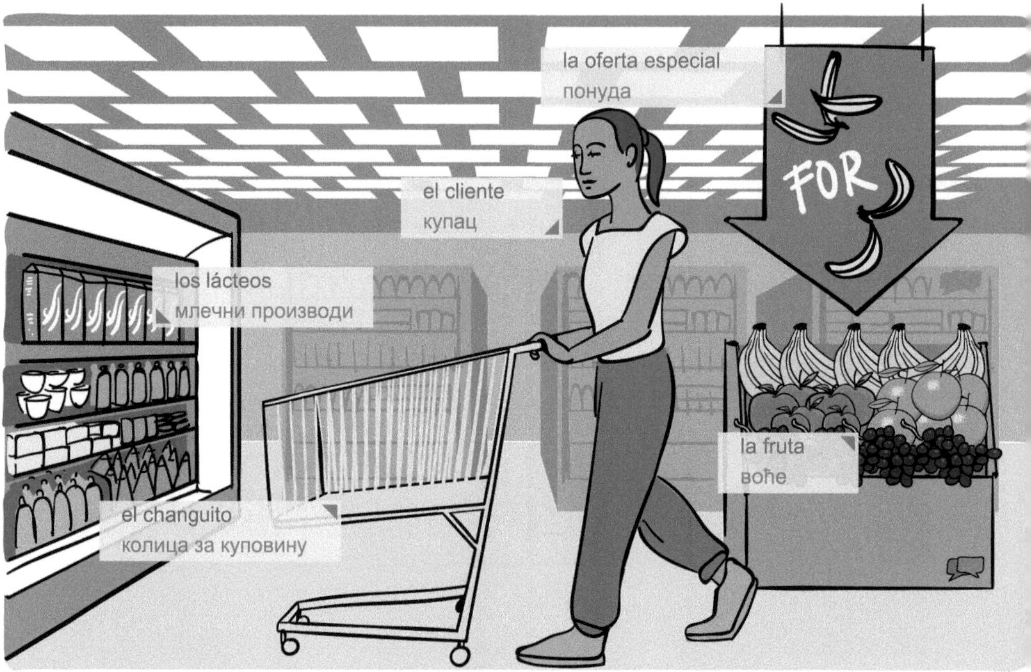

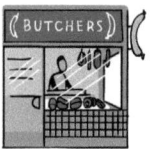

la carnicería

месница

BAKERY

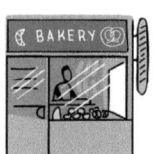

la panadería

пекара

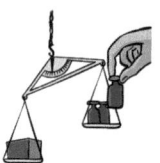

pesar

вагати

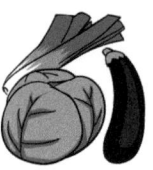

las verduras

поврће

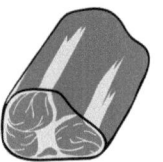

la carne

месо

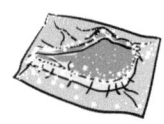

los alimentos congelados

смрзнута храна

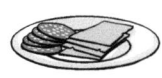

los fiambres

нарезак

los alimentos enlatados

конзерве

el detergente en polvo

средство за прање

las golosinas

слаткиши

los electrodomésticos

артикли за домаћинство

los productos de limpieza

средства за чишћење

la vendedora

продавачица

la caja

благајна

el cajero

благајник

la lista de compras

листа за куповину

el horario de atención

време рада

la billetera

новчаник

la tarjeta de crédito

кредитна картица

la cartera

торба

la bolsa de plástico

пластична кеса

el supermercado - супермаркет

el agua

вода

el jugo

сок

la leche

млеко

la bebida cola

кола

el vino

вино

la cerveza

пиво

el alcohol

алкохол

el cacao

какао

el té

чај

el café

кава

el café expreso

еспресо

el cappuccino

капућино

la banana

банана

la manzana

јабука

la naranja

наранџа

el melón

лубеница

el limón

лимун

la zanahoria

шаргарепа

el ajo

бели лук

el bambú

бамбус

la cebolla

лук

el champiñón

гљива

las nueces

орашасти плодови

los fideos

резанци

los tallarines

шпагете

el arroz

рижа

la ensalada

салата

las papas fritas

помфрит

las papas fritas

печени крумпир

la pizza

пица

la hamburguesa

хамбургер

el sándwich

сендвич

el churrasco

шницла

el jamón

шунка

el salame

салама

la salchicha

кобасица

el pollo

кокош

el asado

печење

el pescado

риба

los copos de avena

зобене пахуљице

el muesli

мусли

los copos de maíz

кукурузне пахуљице

la harina

брашно

la medialuna

кроасан

el pancito

пециво

el pan

хлеб

la tostada

тоаст

las galletitas

кекси

la manteca

маслац

la cuajada

свежи сир

la torta

колач

el huevo

jaje

el huevo frito

jaje на око

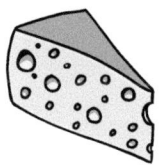

el queso

сир

el helado

сладолед

el azúcar

шећер

la miel

мед

la mermelada

мармелада

la pasta de chocolate

нугат крема

el curry

кари

la granja
сеоско газдинство

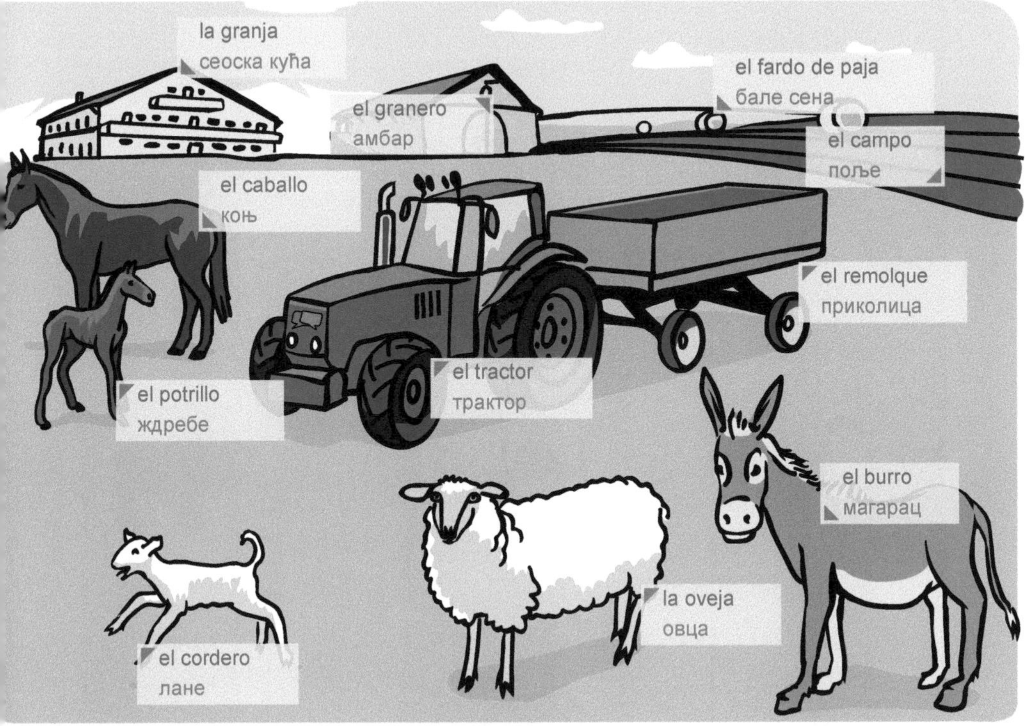
la granja
сеоска кућа
el granero
амбар
el fardo de paja
бале сена
el campo
поље
el caballo
коњ
el remolque
приколица
el tractor
трактор
el potrillo
ждребе
el burro
магарац
la oveja
овца
el cordero
лане

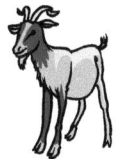

la cabra

коза

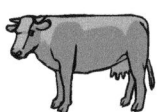

la vaca

крава

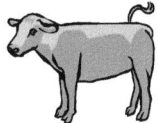

el ternero

теле

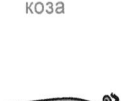

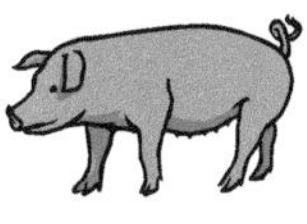

el cerdo

свиња

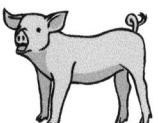

el lechón

прасе

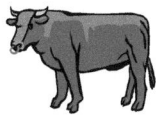

el toro

бик

el ganso

гуска

el pato

патка

el pollo

пилићи

la gallina

кокош

el gallo

петао

la rata

пацов

el gato

мачка

el ratón

миш

el buey

вол

el perro

пас

la cucha

кућица за пса

la manguera

вртно црево

la regadera

канта за поливање

la guadaña

коса

el arado

плуг

la hoz

срп

la azada

мотика

la horquilla

виљушка за ђубриво

el hacha

секира

la carretilla

тачке

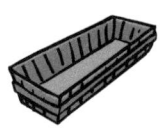

el abrevadero

корито

la lechera

посуда за млеко

la bolsa

вређа

la reja

ограда

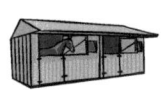

el establo

штала

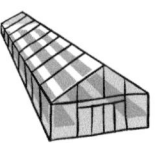

el invernadero

стакленик

el suelo

земља

la semilla

семе

el fertilizador

ђубриво

la cosechadora

комбајн

cosechar

жети

la cosecha

жетва

las batatas

јамс зачин

el trigo

пшеница

la soja

соја

la papa

кромпир

el maíz

кукуруз

la semilla de colza

уљана репица

el árbol frutal

воћка

la mandioca

гомољ маниоке

los cereales

житарице

la casa
кућа

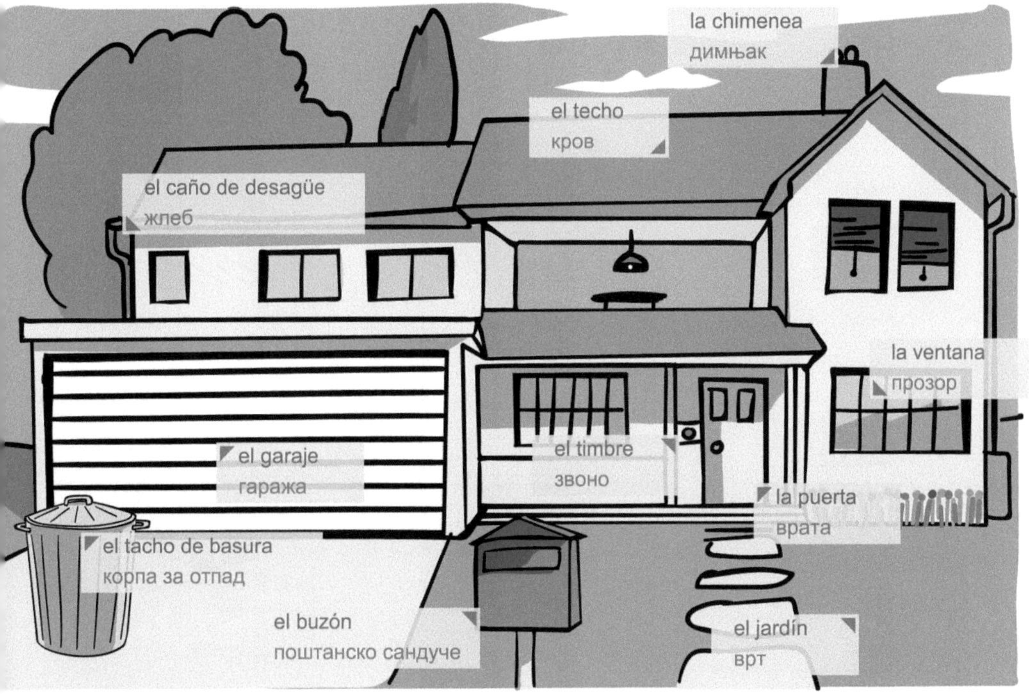

la chimenea
димњак

el techo
кров

el caño de desagüe
жлеб

la ventana
прозор

el garaje
гаража

el timbre
звоно

la puerta
врата

el tacho de basura
корпа за отпад

el buzón
поштанско сандуче

el jardín
врт

el living
дневна соба

el baño
купаоница

la cocina
кухиња

el dormitorio
спаваћа соба

el cuarto de los chicos
дечија соба

el comedor
трпезарија

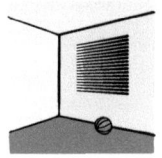

el piso

под

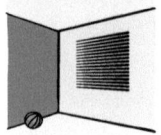

la pared

зид

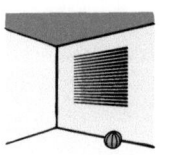

el cielorraso

строп

el sótano

подрум

el sauna

сауна

el balcón

балкон

la terraza

тераса

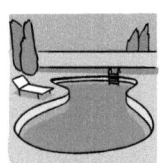

la pileta

базен

la cortadora de pasto

косилица за траву

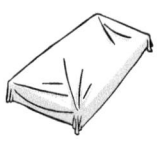

la sábana

постељина за кревет

el acolchado

дека за кревет

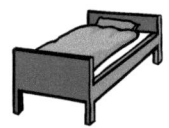

la cama

кревет

la escoba

метла

el balde

канта

el interruptor

прекидач

el living
дневна соба

el empapelado
тапета
la imagen
слика
la lámpara
светиљка
el estante
регал
el armario
ормар
la televisión
телевизија
la chimenea
камин
la flor
цвет
el almohadón
јастук
el sofá
кауч
el florero
ваза
el control remoto
даљински управљач

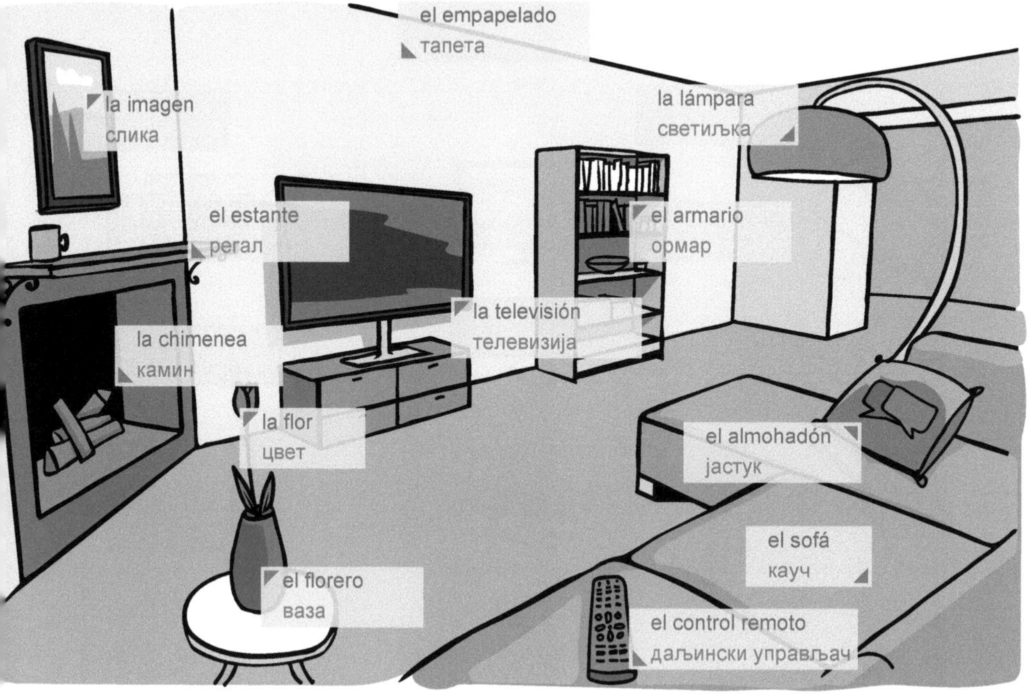

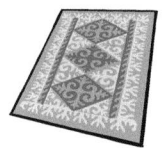

la alfombra

тепих

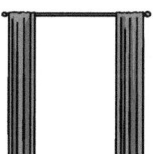

la cortina

завеса

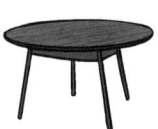

la mesa

сто

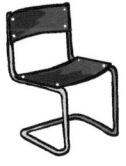

la silla

столица

la mecedora

столица за љихање

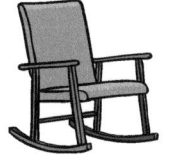

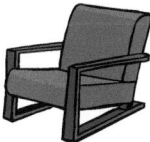

el sillón

фотеља

el libro

књига

la frazada

дека

la decoración

декорација

la leña

дрво за огрев

la película

филм

el equipo de música

хи-фи уређај

la llave

кључ

el diario

новине

la pintura

слика на платну

el póster

постер

la radio

радио

el cuaderno

блок за писање

la aspiradora

усисивач

el cactus

кактус

la vela

свећа

la cocina
кухиња

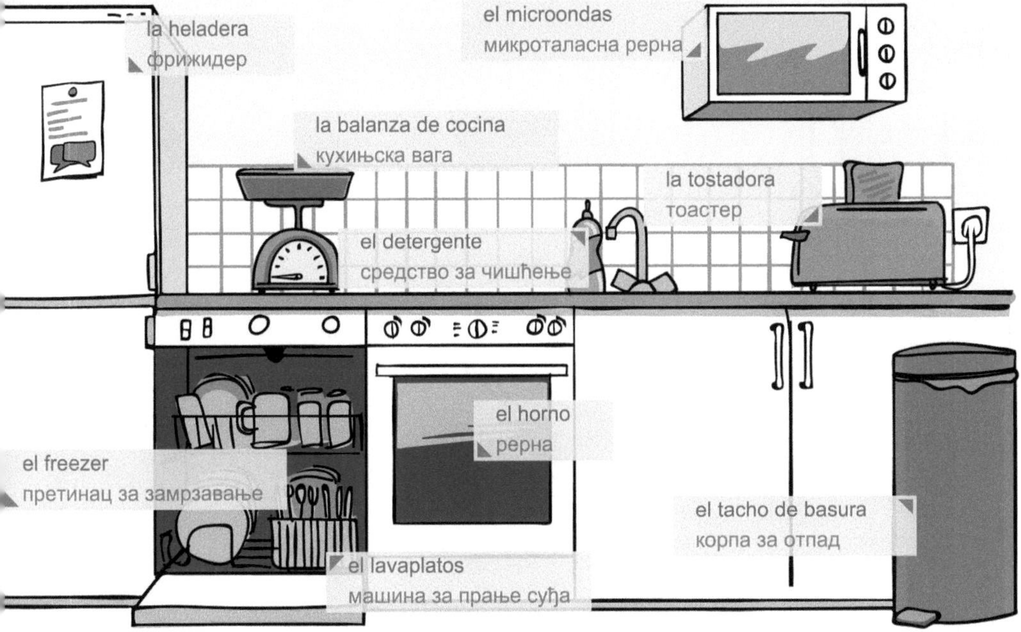

la heladera
фрижидер
el microondas
микроталасна рерна
la balanza de cocina
кухињска вага
la tostadora
тоастер
el detergente
средство за чишћење
el horno
рерна
el freezer
претинац за замрзавање
el tacho de basura
корпа за отпад
el lavaplatos
машина за прање суђа

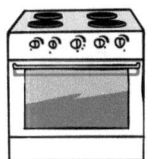

la cocina
шпорет

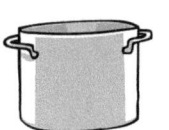

la olla
лонац

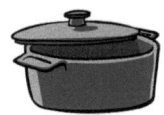

la olla de hierro fundido
гвоздени лонац

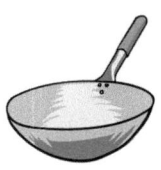

el wok
вок / кадаи

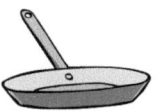

la sartén
тава

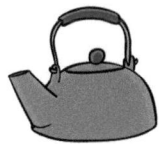

la pava
кувало за воду

la vaporera

кувало на пару

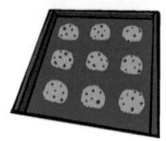

la bandeja de horno

лим за печење

la vajilla

посуђе

la taza

чаша

el bol

посуда

los palitos

штапићи за јело

el cucharón

кутлача

la espátula

лопатица

la batidora

пењача

el colador

сито за кување

el colador

сито

el rallador

рибеж

el mortero

мужар

la parrilla

роштиљ

la fogata

огњиште

la tabla de picar

даска

el palo de amasar

оклагија

el sacacorchos

вадичеп

la lata

конзерва

el abrelatas

отварач конзерви

la manopla

крпа за лонац

la pileta

судопер

el cepillo

четка

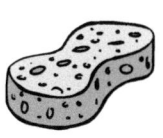

la esponja

сунђер

la batidora

миксер

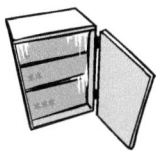

el congelador

замрзивач

la mamadera

флашица за бебе

la canilla

славина за воду

el baño
купаоница

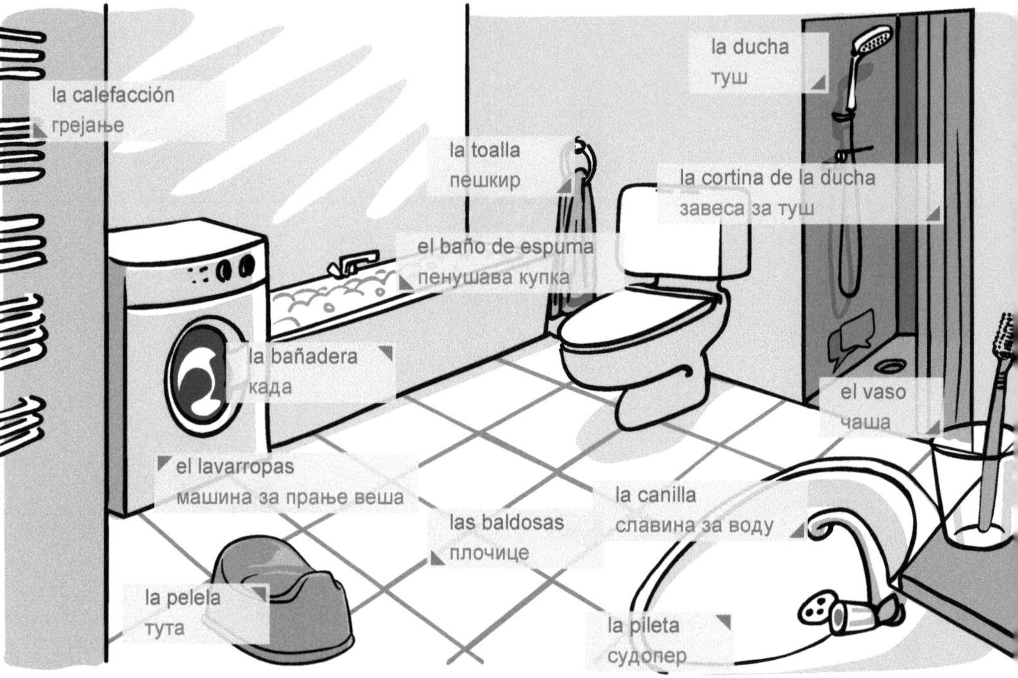

la ducha
туш

la calefacción
грејање

la toalla
пешкир

la cortina de la ducha
завеса за туш

el baño de espuma
пенушава купка

la bañadera
када

el vaso
чаша

el lavarropas
машина за прање веша

la canilla
славина за воду

las baldosas
плочице

la pelela
тута

la pileta
судопер

el inodoro

тоалет

la letrina

чучавац

el bidé

бидет

el mingitorio

писоар

el papel higiénico

тоалетни папир

el cepillo para el inodoro

четка за тоалет

el cepillo de dientes

четкица за зубе

el dentífrico

паста за зубе

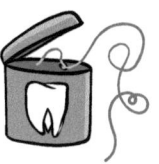

el hilo dental

конац за зубе

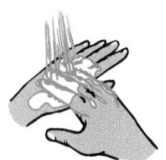

lavar

прати

la ducha de mano

туш ручица

la ducha higiénica

туш за прање интимних делова

la palangana

лавор

el cepillo para la espalda

четка за прање леђа

el jabón

сапун

el gel de ducha

гел за туширање

el shampoo

шампон

la toallita

крпа за прање

el desagüe

одвод

la crema

крема

el desodorante

дезодоранс

el baño - купаоница

el espejo

огледало

el espejito

козметичко огледало

la maquinita de afeitar

бријач

la espuma de afeitar

пена за бријање

el aftershave

лосион за после бријања

el peine

чешаљ

el cepillo

четка

el secador de pelo

фен за косу

el spray

спреј за косу

el maquillaje

шминка

el lápiz de labios

руж за усне

el esmalte para uñas

лак за нокте

el algodón

вата

la tijera para uñas

маказе за нокте

el perfume

парфем

el portacosméticos

козметичка торбица

la banqueta

столица

la balanza

вага

la bata

огртач

los guantes de goma

рукавице за чишћење

el tampón

тампон

la toallita femenina

уложак

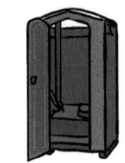

el baño químico

хемијски тоалет

el cuarto de los chicos

дечија соба

el despertador
будилник
el peluche
плишана играчка
el coche de juguete
ауто играчка
el sonajero
звечка
la casa de muñecas
кућица за лутке
el regalo
поклон

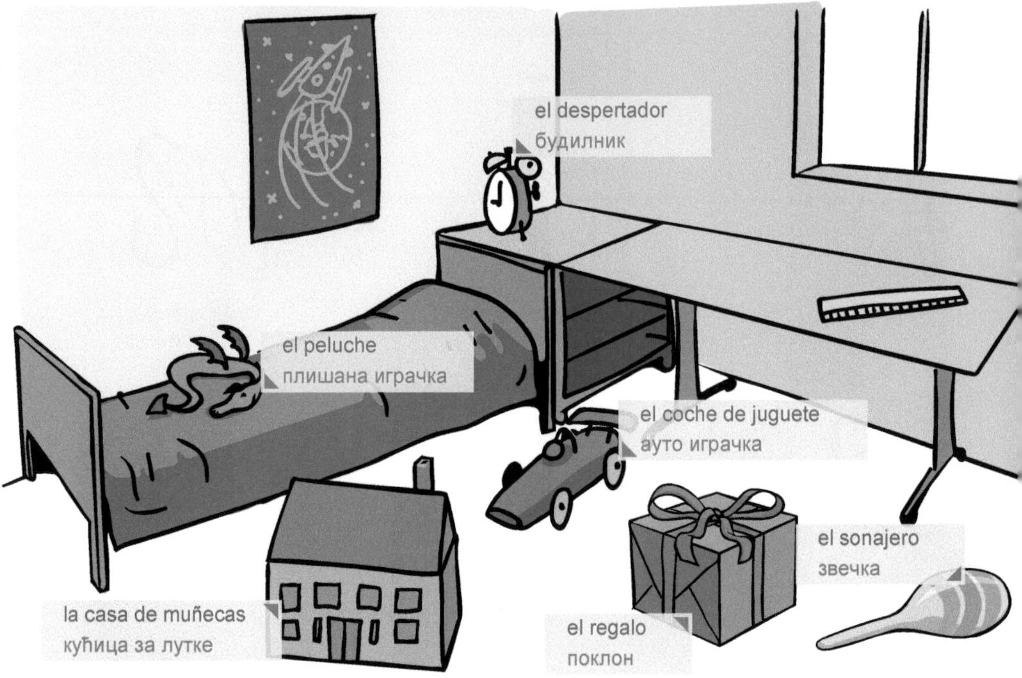

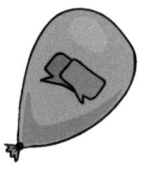

el globo

балон

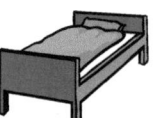

la cama

кревет

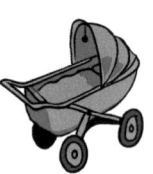

el cochecito

дјечија колица

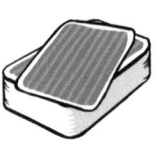

las cartas

игра са картама

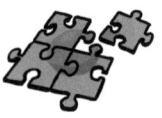

el rompecabezas

слагалица

SUPER
MEGA

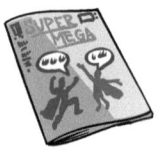

la historieta

стрип

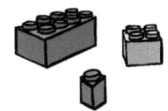

las piezas de lego

лего коцкице

los ladrillos de juguete

коцкице за слагање

la figura de acción

акциони јунак

el enterito (de bebé)

бенкица за бебе

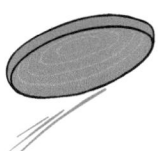

el frisbee

фризби

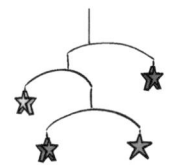

el móvil para bebés

висеће играчке

el juego de mesa

друштвене игре

los dados

коцка

el tren eléctrico

минијатурна жељезница

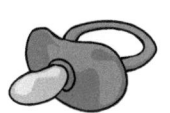

el chupete

дуда

la fiesta

забава

el libro de cuentos ilustrado

сликовница

la pelota

лопта

la muñeca

лутка

jugar

играти

el arenero

пешчаник

la hamaca

љуљачка

los juguetes

играчка

la consola de videojuegos

конзола за игре

el triciclo

трицикл

el osito de peluche

теди

el armario

ормар

la ropa

одећа

las medias

кратке чарапе

las medias panty

чарапе

las calzas

хулахопке

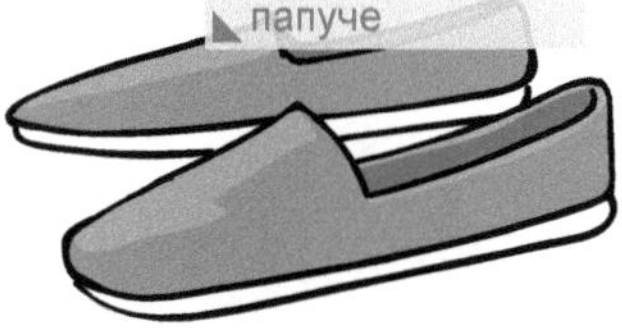

la bufanda
шал

el paraguas
кишобран

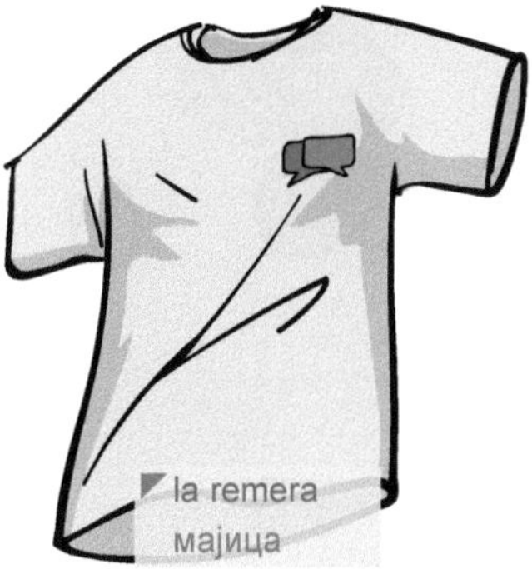

la remera
мајица

el cinturón
каиш

las botas
чизме

las pantuflas
папуче

las zapatillas
патике

las sandalias
сандале

los zapatos
ципеле

las botas de goma
гумене чизме

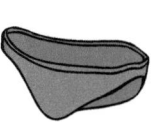

la ropa interior
гаћице

el corpiño
грудњак

el chaleco
поткошуља

el body

боди

los pantalones

панталоне

los jeans

фармерке

la pollera

сукња

la blusa

блуза

la camisa

кошуља

el pulóver

џемпер

el buzo

џемпер с капуљачом

el blazer

сако

la campera

јакна

el tapado

мантил

el piloto

кабаница

el traje

костим

el vestido

хаљина

el vestido de novia

венчаница

el traje

одело

el camisón

спаваћица

el pijama

пиџама

el sari

сари

el pañuelo para la cabeza

марама за главу

el turbante

турбан

la burka

бурка

el caftán

кафтан

la abaya

абаја

el traje de baño

купаћи костим

el short de baño

купаће гаћице

los shorts

кратке панталоне

el jogging

одећа за тренинг

el delantal

кецеља

los guantes

рукавице

el botón

дугме

los anteojos

наочаре

la pulsera

наруквица

el collar

огрлица

el anillo

прстен

el aro

наушница

la gorra

капа

la percha

вешалица

el sombrero

шешир

la corbata

кравата

el cierre

патент затварач

el casco

кацига

los tiradores

нараменице

el uniforme escolar

школска униформа

el uniforme

униформа

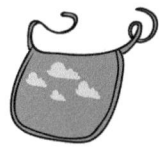

el babero
подбрадак

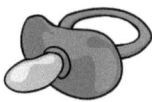

el chupete
дуда

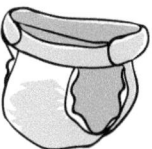

el pañal
пелена

la oficina
канцеларија

el servidor
сервер
el archivero
ормар за списе
la impresora
штампач
el papel
папир
el monitor
монитор
el mouse
миш
el escritorio
писаћи стол
la carpeta
мапа
el teclado
тастатура
el tacho (de basura)
кошара за папир
la computadora
компјутер
la silla
столица

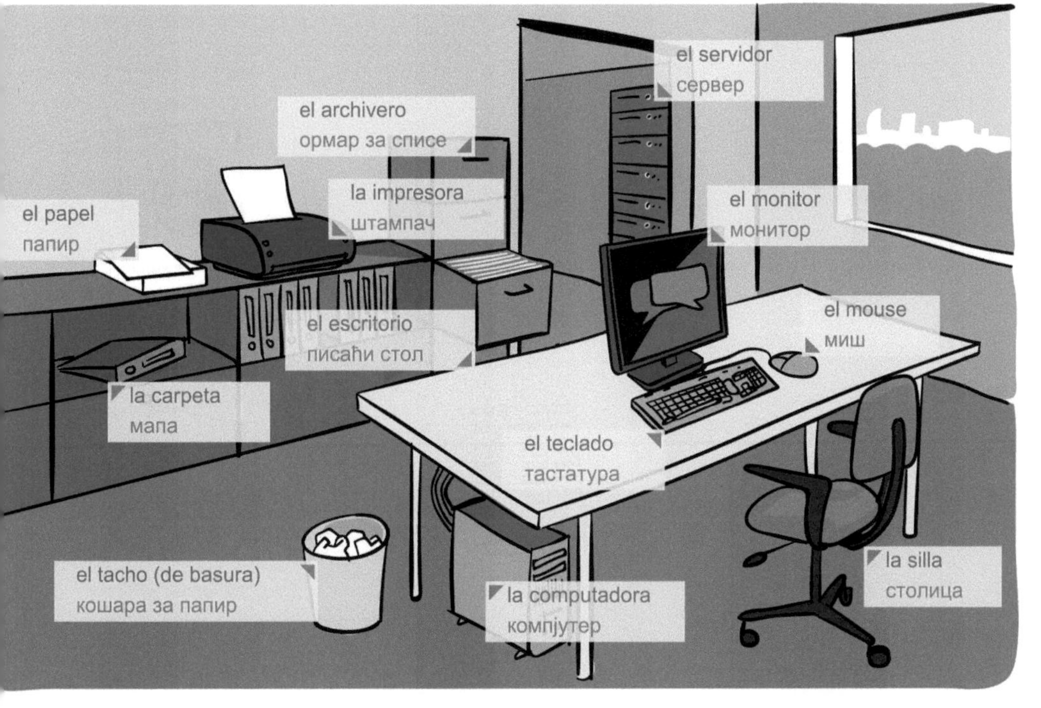

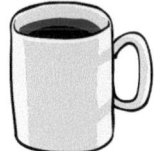

la taza de café
шалица за каву

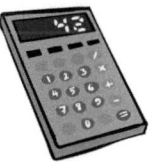

la calculadora
калкулатор

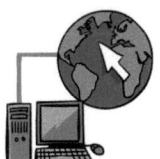

el internet
интернет

la laptop

лаптоп

la carta

писмо

el mensaje

порука

el celular

мобилни телефон

la red

мрежа

la fotocopiadora

уређај за копирање

el software

софтвер

el teléfono

телефон

el tomacorriente

утичница

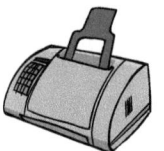

el fax

факс

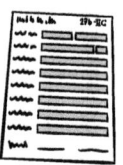

el formulario

формулар

el documento

документ

comprar

куповати

pagar

платити

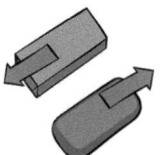

hacer negocios

трговати

el dinero

новац

el dólar

долар

el euro

евро

el yen

јен

el rublo

рубља

el franco suizo

швајцарски франак

el yuan

ренминдби јуан

la rupia

рупија

el cajero automático

аутомат за новац

la casa de cambio

мењачница

el oro

злато

la plata

сребро

el petróleo

нафта

la energía

енергија

el precio

цена

el contrato

уговор

el impuesto

порез

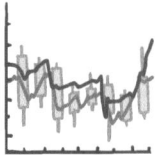

la acción

деонице

trabajar

радити

el empleado

службеник

el empleador

послодавац

la fábrica

фабрика

el negocio

продавница

las ocupaciones

занимања

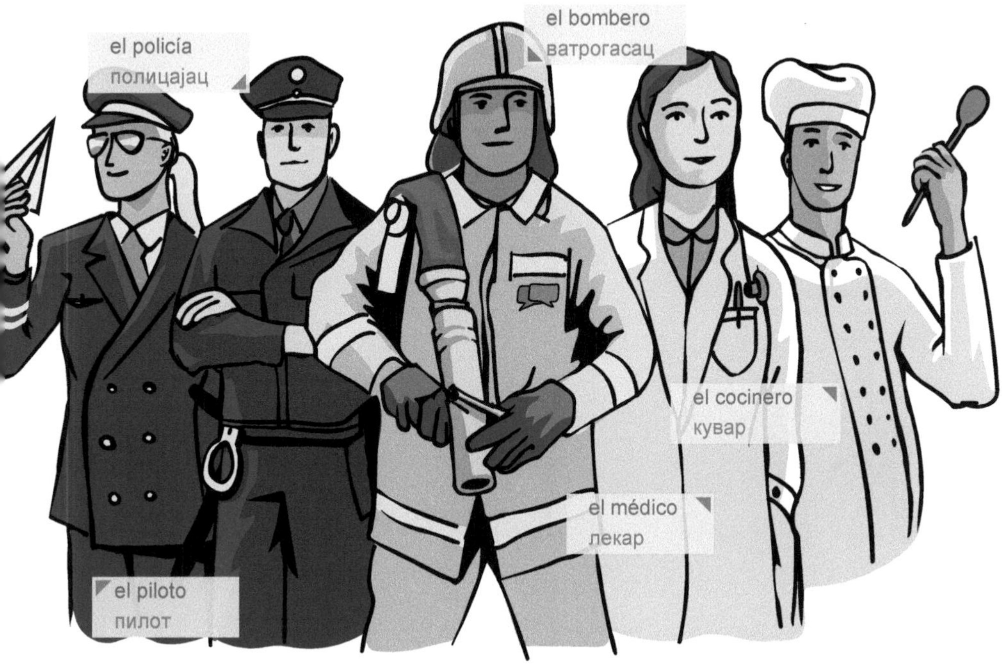
el policía
полицајац
el bombero
ватрогасац
el cocinero
кувар
el médico
лекар
el piloto
пилот

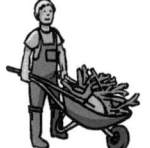

el jardinero

вртлар

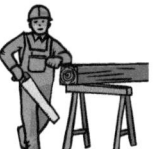

el carpintero

столар

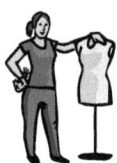

la modista

кројачица

el juez

судија

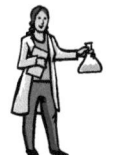

el farmacéutico

хемичар

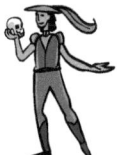

el actor

глумац

el colectivero

возач аутобуса

el taxista

возач таксија

el pescador

рибар

la mucama

чистачица

el techista

кровопокривач

el mozo

конобар

el cazador

ловац

el pintor

сликар

el panadero

пекар

el electricista

електричар

el albañil

грађевински радник

el ingeniero

инжењер

el carnicero

месар

el plomero

лимар

el cartero

поштар

el soldado

војник

el arquitecto

архитекта

el cajero

благајник

el florista

цвећар

el peluquero

фризер

el cobrador

кондуктер

el mecánico

механичар

el capitán

капетан

el dentista

зубар

el científico

научник

el rabino

раби

el imán

имам

el monje

монах

el sacerdote

свећеник

las herramientas

алати

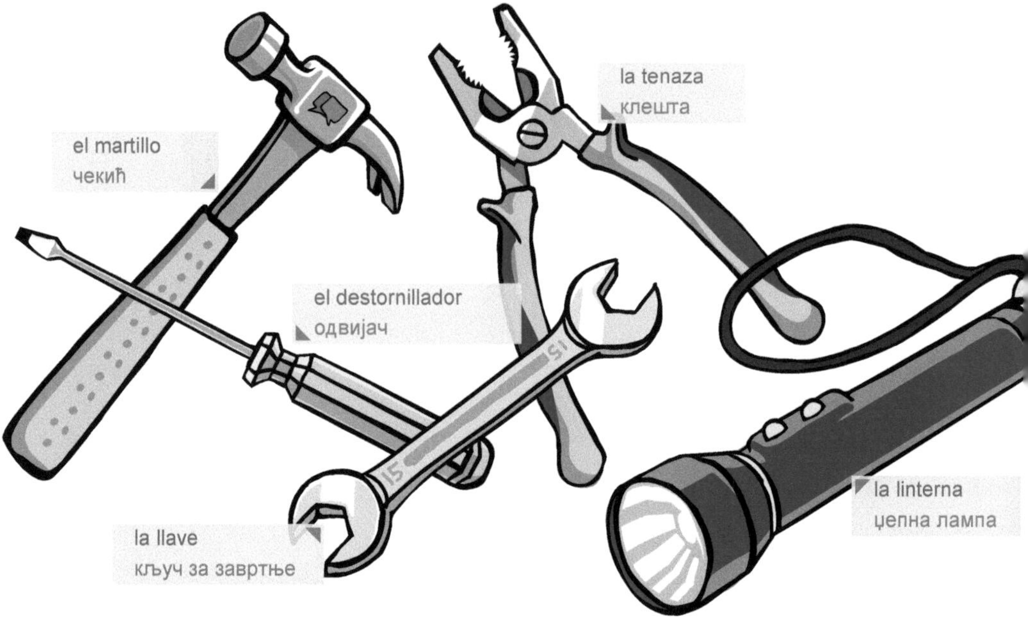
la tenaza
клешта
el martillo
чекић
el destornillador
одвијач
la linterna
џепна лампа
la llave
кључ за завртње

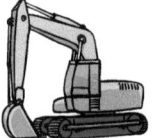

la excavadora

багер

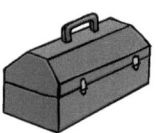

la caja de herramientas

кутија за алат

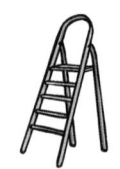

la escalera portátil

мердевине

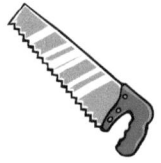

la sierra

пила

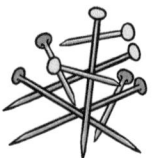

los clavos

ексер

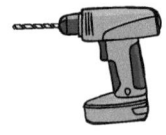

el taladro

бушилица

arreglar

поправити

la pala de jardín

лопата

¡Qué bronca!

до ђавола!

la pala de plástico

лопатица

el tacho de pintura

лонац за боју

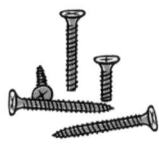

los tornillos

завртањи

los instrumentos musicales
музички инструмент

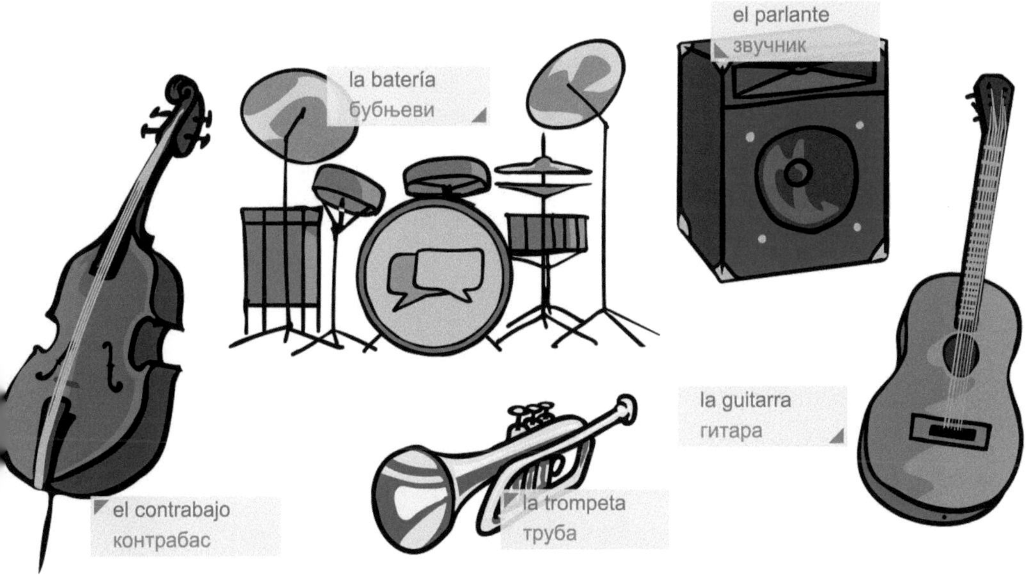

la batería
бубњеви

el parlante
звучник

el contrabajo
контрабас

la trompeta
труба

la guitarra
гитара

el piano

клавир

el violín

виолина

el bajo

бас

los timbales

тимпани

el tambor

удараљке за бубњеве

el teclado

типке клавира

el saxofón

саксофон

la flauta

флаута

el micrófono

микрофон

el zoológico

зоолошки врт

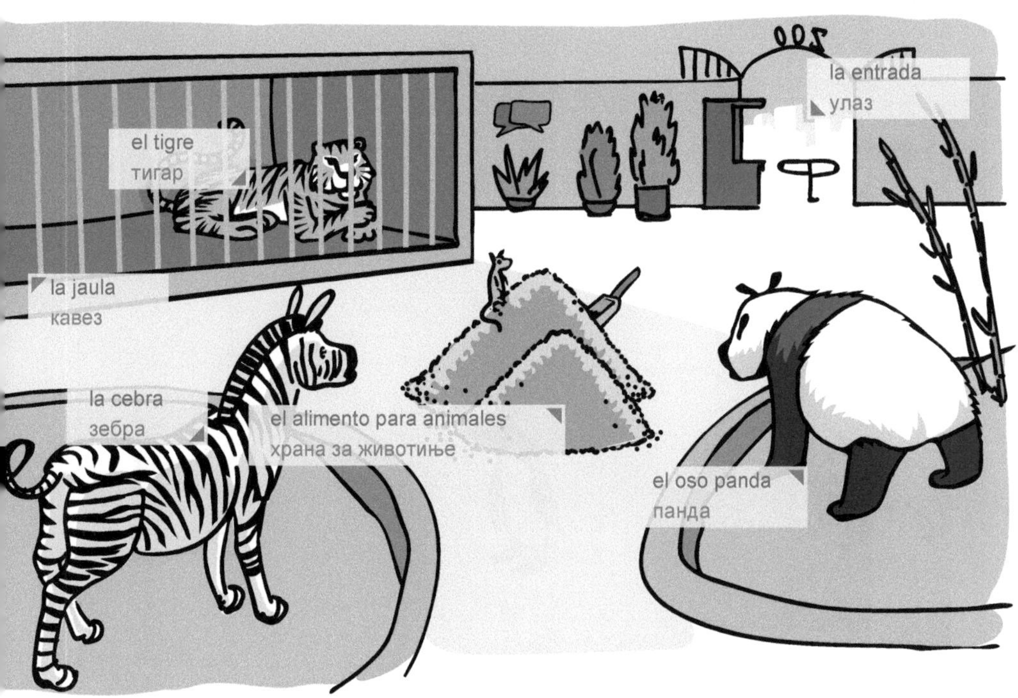

la entrada
улаз
el tigre
тигар
la jaula
кавез
la cebra
зебра
el alimento para animales
храна за животиње
el oso panda
панда

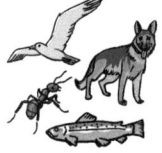

los animales
животиње

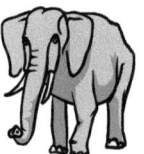

el elefante
слон

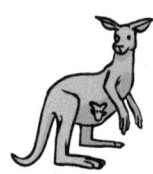

el canguro
кенгур

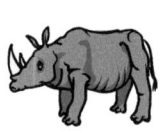

el rinoceronte
носорог

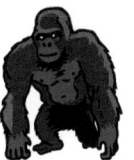

el gorila
горила

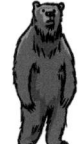

el oso
медвед

el camello

камила

el avestruz

ној

el león

лав

el mono

мајмун

el flamenco

фламинго

el loro

папагај

el oso polar

поларни медвед

el pingüino

пингвин

el tiburón

ајкула

el pavo real

паун

la serpiente

змија

el cocodrilo

крокодил

el cuidador del zoológico

чувар у зоолошком врту

la foca

туљан

el jaguar

јагуар

el zoológico - зоолошки врт

el poni

пони

el leopardo

леопард

el hipopótamo

нилски коњ

la jirafa

жирафа

el águila

орао

el jabalí

дивља свиња

el pescado

риба

la tortuga

корњача

la morsa

морж

el zorro

лисица

la gacela

газела

el fútbol americano
амерички ногомет

el ciclismo
бициклизам

el tenis
тенис

el básquet
кошарка

la natación
пливање

el boxeo
бокс

el hockey sobre hielo
хокеј на леду

el fútbol

фудбал

el bádminton

бадминтон

el atletismo

атлетика

el handball

рукомет

el esquí

скијање

el polo

поло

saltar
скочити

reír
смејати се

abrazar
загрлити

cantar
певати

caminar
ићи

soñar
сањати

rezar
молити се

besar
пољубити

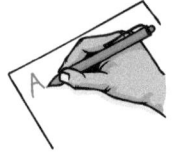

escribir

писати

dibujar

цртати

mostrar

показати

presionar

гурати

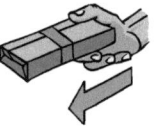

dar

дати

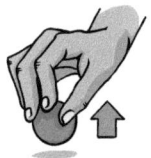

tomar

узети

tener

имати

hacer

чинити

ser

бити

estar parado

стојати

correr

трчати

tirar

повлачити

tirar

бацити

caer

падати

estar acostado

лежати

esperar

чекати

llevar

носити

estar sentado

седити

vestirse

облачити

dormir

спавати

despertar

пробудити се

mirar

гледати

llorar

плакати

acariciar

миловати

peinar

чешљати

hablar

говорити

entender

разумети

preguntar

питати

escuchar

слушати

beber

пити

comer

јести

ordenar

поспремити

amar

волети

cocinar

кухати

manejar

возити

volar

летети

navegar

пловити

calcular

рачунати

leer

читати

aprender

учити

trabajar

радити

casarse

венчати се

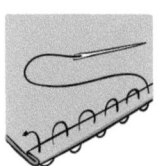

coser

шити

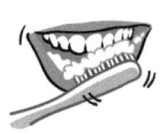

cepillarse los dientes

прати зубе

matar

убити

fumar

пушити

enviar

послати

la familia
породица

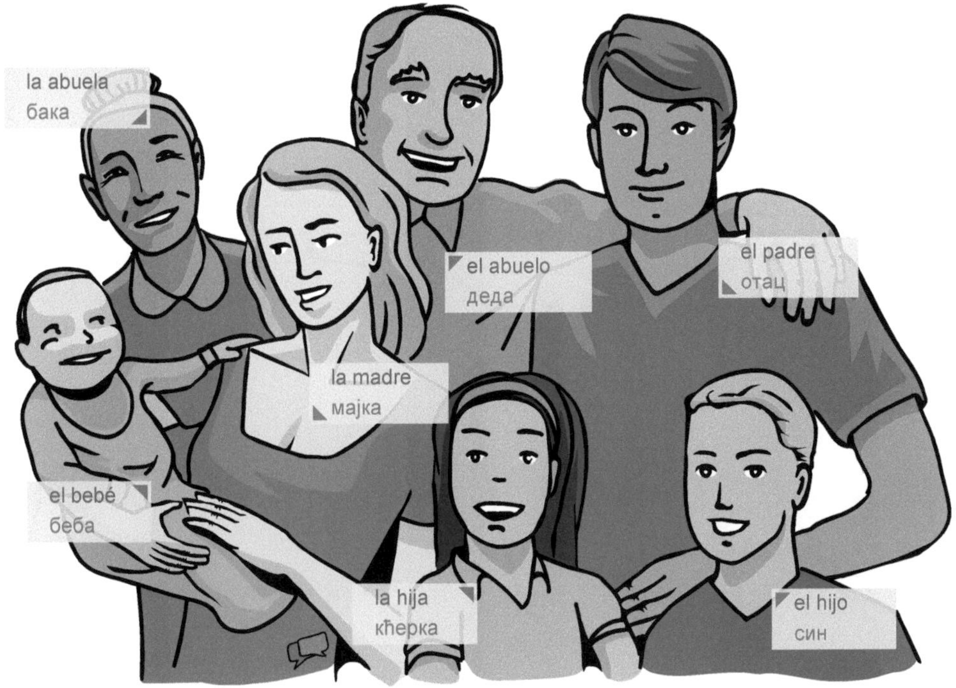
la abuela
бака
el abuelo
деда
el padre
отац
la madre
мајка
el bebé
беба
la hija
кћерка
el hijo
син

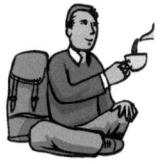

el invitado

гост

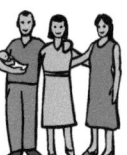

la tía

тетка

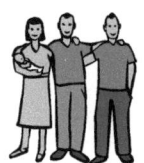

el tío

ујак, стриц

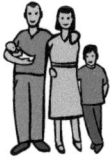

el hermano

брат

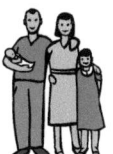

la hermana

сестра

el cuerpo
тело

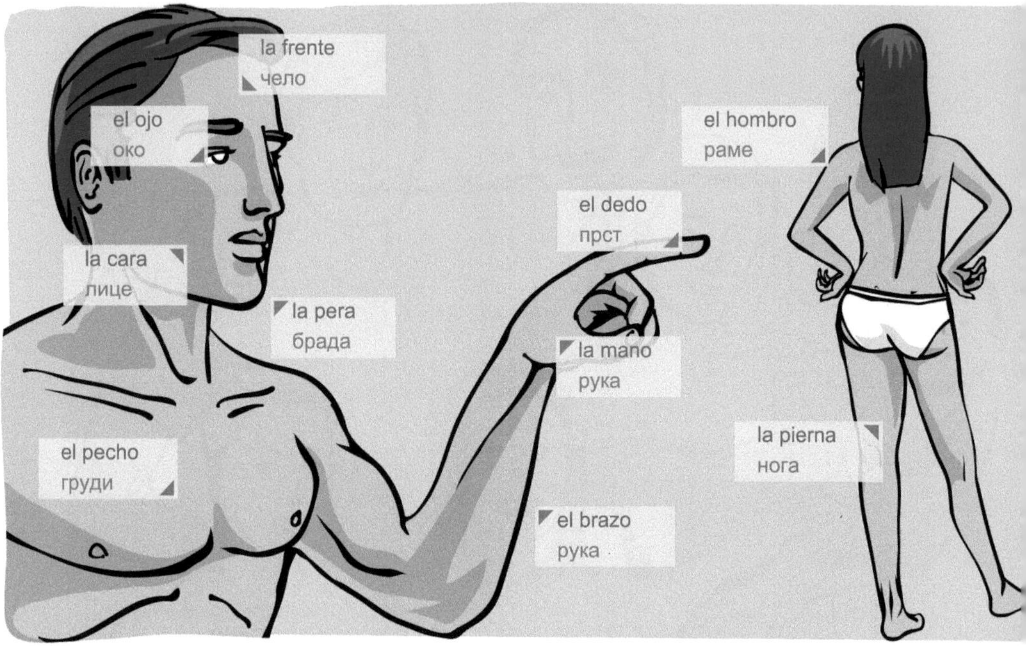

la frente
чело

el ojo
око

el hombro
раме

el dedo
прст

la cara
лице

la pera
брада

la mano
рука

el pecho
груди

la pierna
нога

el brazo
рука

el bebé
беба

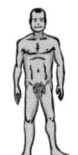

el hombre
мушкарац

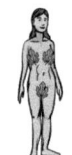

la mujer
жена

la nena
девојчица

el nene
дечак

la cabeza
глава

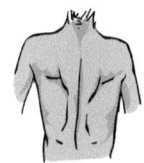

la espalda

леђа

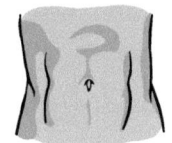

la panza

стомак

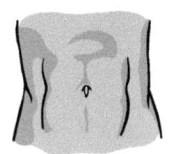

el ombligo

пупак

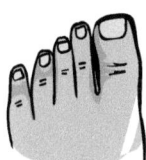

el dedo del pie

ножни прст

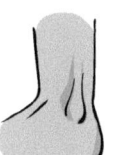

el talón

пета

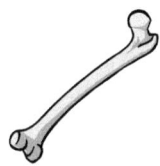

el hueso

кост

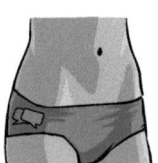

la cadera

кукови

la rodilla

колено

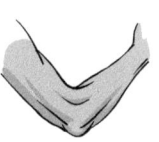

el codo

лакат

la nariz

нос

la cola

задњица

la piel

кожа

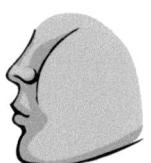

el cachete

образ

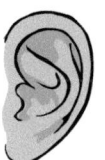

la oreja

уво

el labio

усна

la boca

уста

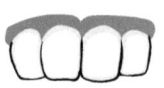

el diente

зуб

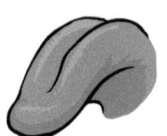

la lengua

језик

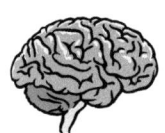

el cerebro

мозак

el corazón

срце

el músculo

мишић

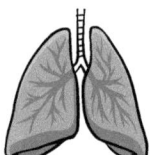

el pulmón

плућа

el hígado

јетра

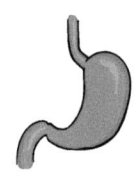

el estómago

желудац

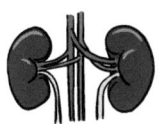

los riñones

бубрези

el sexo

полни однос

el preservativo

кондом

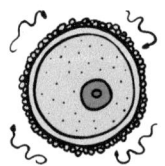

el óvulo

јајна ћелија

el semen

сперма

el embarazo

трудноћа

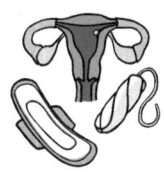

la menstruación
....
менструација

la vagina
....
вагина

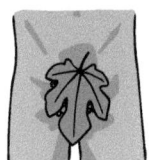

el pene
....
пенис

la ceja
....
обрва

el pelo
....
коса

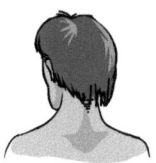

el cuello
....
врат

el hospital
болница

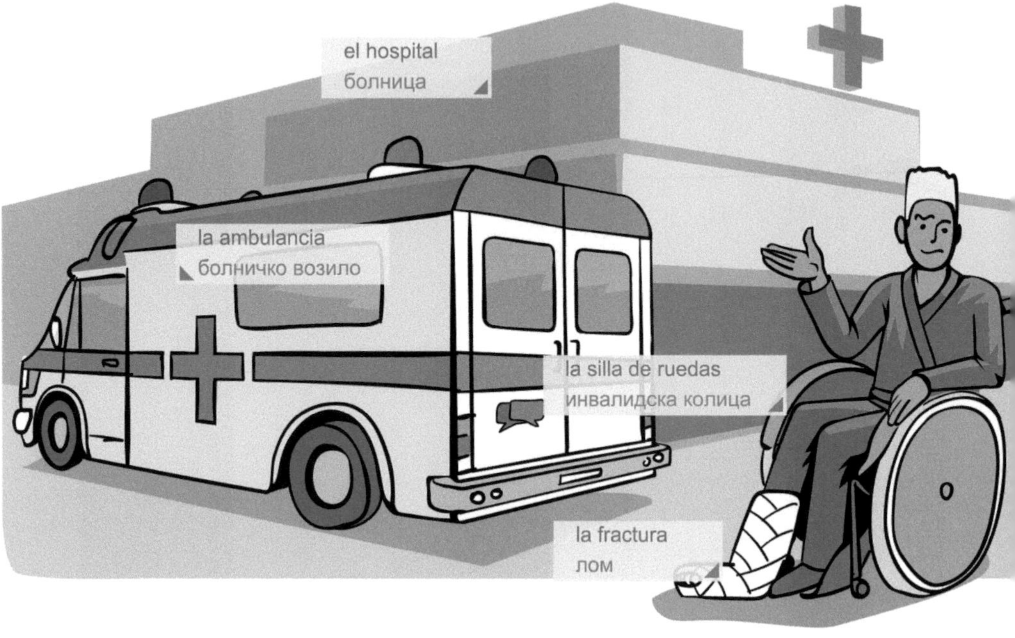

el hospital
болница
la ambulancia
болничко возило
la silla de ruedas
инвалидска колица
la fractura
лом

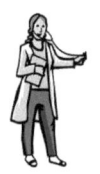

el médico

лекар

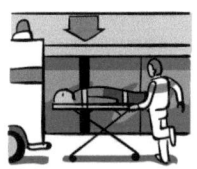

la sala de guardia

хитна медицинска служба

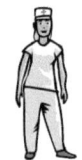

la enfermera

медицинска сестра

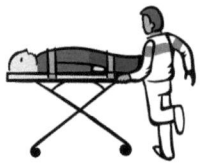

la emergencia

хитни случај

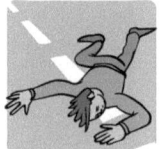

inconsciente

несвест

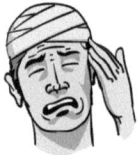

el dolor

бол

la lesión

повреда

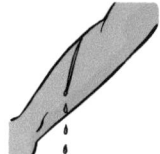

la hemorragia

крварење

el infarto

срчани удар

el ACV

удар

la alergia

алергија

la tos

кашаљ

la fiebre

грозница

la gripe

грипа

la diarrea

пролив

el dolor de cabeza

главобоља

el cáncer

рак

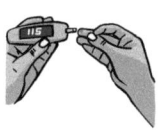

la diabetes

дијабетес

el cirujano

хирург

el bisturí

скалпел

la operación

операција

la TC

цт

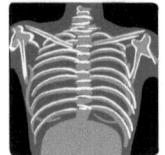

los rayos x

рентген

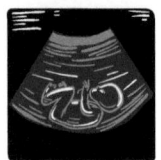

la ecografía

ултразвук

el barbijo

маска

la enfermedad

болест

la sala de espera

чекаона

la muleta

штака

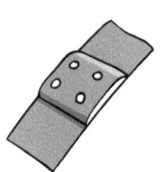

la curita

фластер

la venda

завој

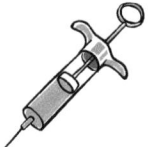

la inyección

ињекција

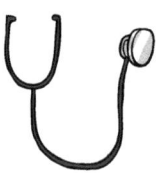

el estetoscopio

стетоскоп

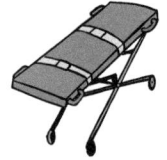

la camilla

носила

el termómetro

термометар

el nacimiento

рођење

el sobrepeso

прекомерна тежина

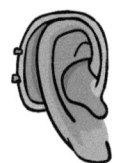

el audífono

слушни апарат

el desinfectante

средство за дезинфекцију

la infección

инфекција

el virus

вирус

el VIH / SIDA

хив / аидс

el remedio

медицина

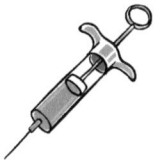

la vacunación

вакцинација

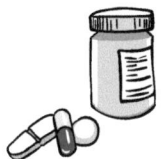

los comprimidos

таблете

la pastilla anticonceptiva

пилула

a llamada de emergencia

хитни позив

el tensiómetro

уређај за мерење
притиска

enfermo / sano

болесно / здраво

¡Ayuda!

помоћ!

la alarma

аларм

la agresión

насртај

el ataque

напад

el peligro

опасност

la salida de emergencia

излаз у случају нужде

¡Fuego!

пожар!

el matafuego

противпожарни апарат

el accidente

незгоца

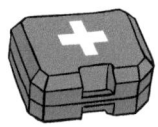

el botiquín de primeros
auxilios

кутија прве помоћи

el SOS

сос

la policía

полиција

Europa

Европа

América del Norte

Северна Америка

América del Sur

Јужна Америка

África

Африка

Asia

Азија

Australia

Аустралија

el Atlántico

Атлантик

el Pacífico

Пацифик

el Océano Índico

Индијски океан

el Océano Antártico

Антарктички океан

el Océano Ártico

Арктички океан

el polo norte

Северни рол

el polo sur

Јужни рол

la Antártida

Антарктик

la Tierra

земља

la tierra

земља

el mar

море

la isla

оток

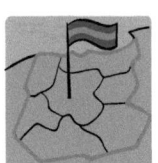

la nación

нација

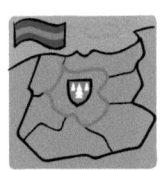

el estado

држава

la esfera

бројчаник сата

la manecilla de las horas

сатна казаљка

el minutero

минутна казаљка

el segundero

секундна казаљка

¿Qué hora es?

Колико је сати?

el día

дан

la hora

време

ahora

сада

el reloj digital

дигитални сат

el minuto

минута

la hora

час

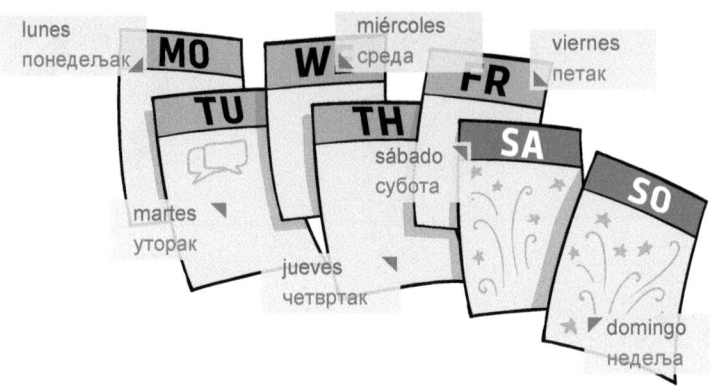

lunes
понедељак

miércoles
среда

viernes
петак

martes
уторак

sábado
субота

jueves
четвртак

domingo
недеља

ayer

јуче

hoy

данас

mañana

сутра

la mañana

јутро

el mediodía

подне

la tarde

вече

MO	TU	WE	TH	FR	SA	SU
1	2	3	4	5	6	7
8	9	10	11	12	13	14
15	16	17	18	19	20	21
22	23	24	25	26	27	28
29	30	31	1	2	3	4

los días hábiles

радни дани

MO	TU	WE	TH	FR	SA	SU
1	2	3	4	5	6	7
8	9	10	11	12	13	14
15	16	17	18	19	20	21
22	23	24	25	26	27	28
29	30	31	1	2	3	4

el fin de semana

викенд

el año

година

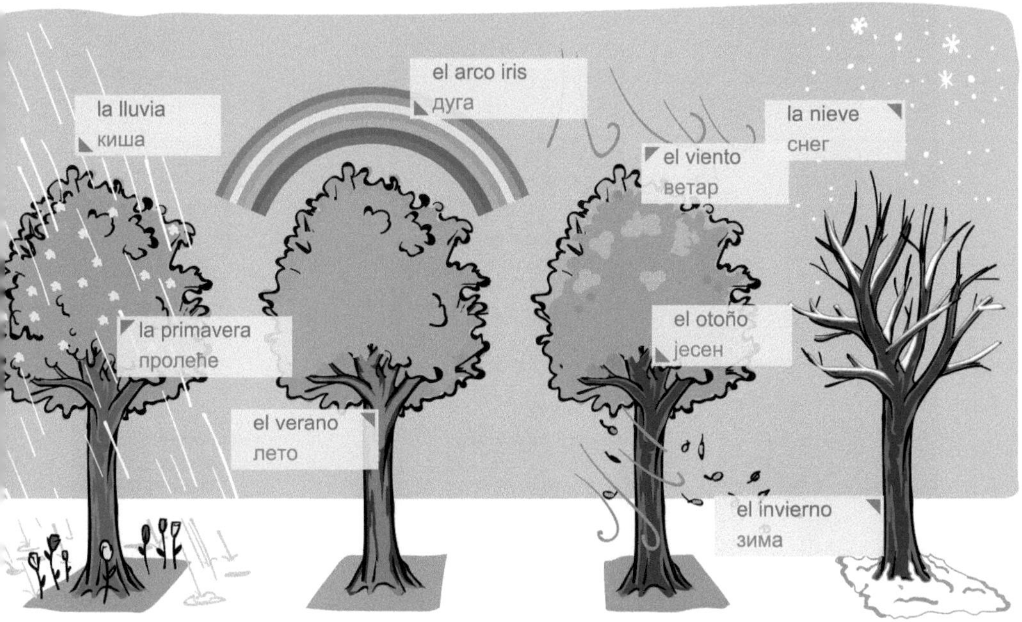

la lluvia
киша
el arco iris
дуга
la nieve
снег
el viento
ветар
la primavera
пролеће
el otoño
јесен
el verano
лето
el invierno
зима

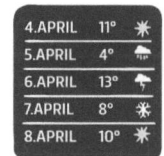

4.APRIL 11°
5.APRIL 4°
6.APRIL 13°
7.APRIL 8°
8.APRIL 10°

l pronóstico meteorológico

метеоролошка прогноза

F
C
120
90
60
30
0
-30
40
30
20
10
0
-10
-20

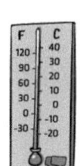

el termómetro

термометар

la luz del sol

сунчана светлост

la nube

облак

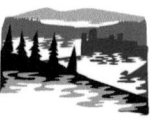

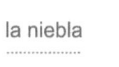

la niebla

магла

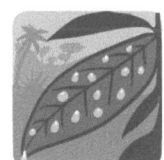

la humedad

влажност ваздуха

el rayo

муња

el trueno

грмљавина

la tormenta

олуја

el granizo

туча

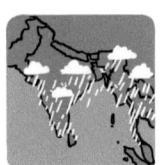

el monzón

монсун

la inundación

поплава

el hielo

лед

enero

јануар

febrero

фебруар

marzo

март

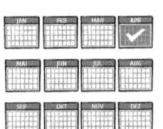

abril

април

mayo

мај

junio

јуни

julio

јули

agosto

август

el año - година

septiembre

септембар

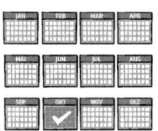

octubre

октобар

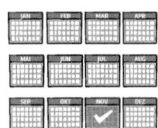

noviembre

новембар

diciembre

децембар

las formas
облици

el círculo

круг

el cuadrado

квадрат

el rectángulo

правоугао

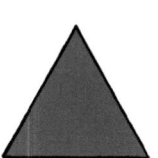

el triángulo

троугао

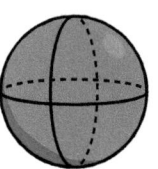

la esfera

кугла

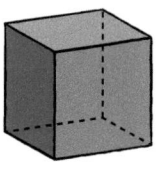

el cubo

коцка

blanco

бела

amarillo

жута

naranja

наранџаста

rosa

ружичаста

rojo

црвена

violeta

љубичаста

azul

плава

verde

зелена

marrón

смеђа

gris

сива

negro

црна

mucho / poco

много / мало

enojado / tranquilo

љутито / мирно

lindo / feo

лепо / ружно

el principio / el fin

почетак / крај

grande / chico

велико / малено

claro / oscuro

светло / тамно

el hermano / la hermana

брат / сестра

limpio / sucio

чисто / прљаво

completo / incompleto

потпуно / непотпуно

el día / la noche

дан / ноћ

muerto / vivo

мртво / живо

ancho / angosto

широко / уско

comestible / no comestible

јестиво / нејестиво

malo / amable

зло / добро

entusiasmado / aburrido

узбуђено / досадно

gordo / flaco

дебело / мршаво

primero / último

на почетку / на крају

el amigo / el enemigo

пријатељ / непријатељ

lleno / vacío

пуно / празно

duro / blando

тврдо / мекано

pesado / liviano

тешко / лагано

el hambre / la sed

глад / жеђ

enfermo / sano

болесно / здраво

ilegal / legal

илегално / легално

inteligente / estúpido

паметно / глупо

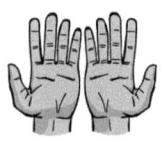

izquierda / derecha

лево / десно

cerca / lejos

близу / далеко

nuevo / usado

ново / половно

nada / algo

ништа / нешто

viejo / joven

старо / младо

encendido / apagado

укључено / искључено

abierto / cerrado

отворено / затворено

silencioso / ruidoso

тихо / гласно

rico / pobre

богато / сиромашно

correcto / incorrecto

тачно / погрешно

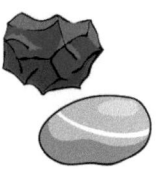

áspero / suave

храпаво / глатко

triste / contento

тужно / сретно

corto / largo

кратко / дуго

lento / rápido

полако / брзо

mojado / seco

мокро / сухо

caliente / frío

топло / хладно

guerra / paz

рат / мир

los opuestos - супротности

los números
бројеви

0

cero

нула

1

uno

један

2

dos

два

3

tres

три

4

cuatro

четири

5

cinco

пет

6

seis

шест

7

siete

седам

8

ocho

осам

9

nueve

девет

10

diez

десет

11

once

једанаест

12
doce

дванаест

13
trece

тринаест

14
catorce

четрнаест

15
quince

петнаест

16
dieciséis

шестнаест

17
diecisiete

седамнаест

18
dieciocho

осамнаест

19
diecinueve

деветнаест

20
veinte

двадесет

100
cien

стотину

1.000
mil

хиљаду

1.000.000
el millón

милион

језици

el inglés

енглески

el inglés americano

амерички енглески

el chino mandarín

мандарински кинески

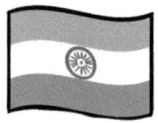

el hindi

хиндски

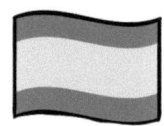

el español

шпански

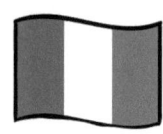

el francés

француски

el árabe

арапски

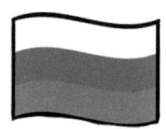

el ruso

руски

el portugués

португалски

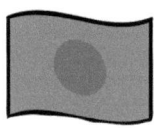

el bengalí

бенгалски

el alemán

немачки

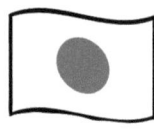

el japonés

јапански

yo

ja

vos

ти

él / ella

он / она / оно

nosotros

ми

ustedes

ви

ellos

они

¿quién?

Ко?

¿qué?

Шта?

¿cómo?

Како?

¿dónde?

Где?

¿cuándo?

Када?

el nombre

име

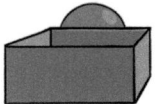

detrás

иза

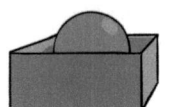

en

у

adelante de

испред

por encima de

преко

sobre

на

debajo de

испод

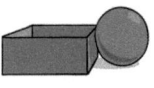

al lado de

поред

entre

између

el lugar

место